EDICT DV ROY,

PORTANT CREATION

en tiltre d'office formé hereditaire, des Receueurs, Controlleurs & Visiteurs des Fermes des Neuf liures dixhuict sols sur chacun Tonneau de vin entrant és Villes & Bourgs de la Generalité de Picardie; Sol pour pot de vin vendu & debité en destail en ladite Generalité ; Et des Soixante sols sur chacun muid de vin sortãt des Generalitez de Picardie, Champagne & Soissons.

Verifié en la Cour des Aydes le 23. Auril 1633.

A PARIS,

Par P. METTAYER, A. ESTIENE,
& C. PREVOST, Imprimeurs
ordinaires du Roy.

M. DCXXXIII.

Auec Priuilege de sa Majesté.

8

OVIS par la grace de Dieu Roy de France & de Nauarre, A tous presens & à venir, Salut. La necessité de pouruoir à la seureté des deniers de nos Fermes, Nous ayant fait creer & eriger en tiltre d'office forme par nostre Edict du mois de Feurier 1651. Regiftré en nostre Cour des Aydes, des Receueurs hereditaires de nos droicts d'enttée aux Ports, Portes & aduenues de nostre bonne Ville de Paris: Et depuis encores par nostre Edict du mois de Mars dernier, des Receueurs, Controlleurs & Cõmiffaires de nos Fermes de Neufliures pour Tonneau de vin, Quarante fols pour Tonneau de cildre, & Vingt fols pour Tonneaux de poiré entrant & paffant és Villes de Rouen, Dieppe & le Haure de Grace, & Soixante fols pour Tonneau de Mer entrât és Ports & Haures de nostre Prouince de Normandie, pour faire la Recepte & Controlle defdits droicts, au lieu des Commis qui y estoient auparauant establis par les Fermiers: Lesquels offices nous auons fpe-

A ij

cialement affectez pour la seureté dudit ma-
niement : Et n'estant pas moins necessaire
d'apporter le mesme ordre pour la Recepte
& Controlle des deniers de nos Fermes des
Neuf liures dixhuict sols sur chacun Tonneau de vin entrant és Villes & Bourgs de la
Generalité de Picardie : Sol pour pot de
vin vendu & debité en detail en ladite
Generalité : Et des Soixante sols sur chacun
muid de vin sortant des Generalitez de Picardie, Champagne & Soissons, fors & excepté Calais, Ardres & Han, pour ce qui est
de la Generalité de Soissons, dont l'impor-
tance est assez cogneuë : Nous auons resolu
d'y pouruoir, en y establissant les Officiers
que nous auons iugez necessaires. A ces
cavses, cet affaire ayant esté mis en deli-
beration en nostre Conseil, ou estoient au-
cuns Princes de nostre sang, & autres grands
& notables personnages : De l'Aduis d'iceluy, & de nostre plaine puissance & au-
thorité Royale : Nous auons, par le present
Edict perpetuel & irreuocable, creé & erigé,
creons & erigeons en tiltre d'office formé
hereditaire, vn Receueur general de nosdi-
tes Fermes de Neuf liures dixhuict sols sur
chacun Tonneau de vin entrant és Villes &
Bourgs de la Generalité de Picardie, Sol
pour pot vendu & debité en detal en ladite

Generalité, Et des Soixante sols sur chacun muid de vin sortant de ladite Generalité de Picardie, pour faire la Recepte generale desdits droicts: Vn Controlleur general desdites Fermes: Vn Receueur particulier à la porte de Beauuais de nostre ville d'Amiens: Vn autre Receueur particulier à la porte de Noyon: Vn autre Receueur particulier à la porte d'Autoy: Vn autre Receueur particulier à la porte S. Pierre: Vn autre Receueur particulier à la porte du Quay: Et vn autre Receueur particulier à la porte du d'On de nostredite ville d'Amiens: Vn Clerc Iuré pour receuoir les declarations des Marchãs, Et deux Commissaires visiteurs pour faire les questes & visites en ladite ville: Vn Receueur particulier à Pecquigny: Vn autre Receueur particulier à Pontdormy: Vn autre Receueur en nostre ville d'Abbeuille: Vn Controlleur particulier, Vn Clerc Iuré a receuoir les declarations des Marchans, & vn Cõmissaire visiteur pour faire les questes & visites en ladite ville d'Abbeuille. Vn Receueur particulier à Montreuil, Vn Cõmissaire visiteur pour faire les visites aux caues audit lieu: Vn Receueur particulier & Commissaire visiteur à Estappes: Vn Receueur particulier à Boulongne: Vn Controlleur particulier & vn Commissaire visiteur audit lieu. Vn Receueur particulier à S. Vallery, & vn Controlleur particulier Commiſſaire viſiteur audit lieu. Vn Garde viſiteur à Crotoy, Vn Receueur particulier à Ruë. Vn Receueur particulier à Doullens , & vn Commiſſaire viſiteur audit lieu. Vn Receueur particulier à Corbye, & vn Commiſ-ſaire viſiteur audit lieu. Vn Receueur particulier à Peronne, vn Commiſſaire viſiteur audit lieu, & vn Controolleur particulier en ladite ville. Vn Receueur particulier , vn Controlleur particulier & Commiſſaire viſiteur à S. Quentin. Vn Receueur particulier à Bray. Vn Receueur particulier, vn Cõtrolleur particulier & vn Commiſſaire viſiteur à Montdidier. Vn Receueur particulier & vn Controlleur particulier, Commiſſaire viſiteur à Roye. Vn Receueur general de la Ferme de Soixante ſols ſur chacun muid de vin ſortant des Generalitez de Champagne & Soiſſons, fors & excepté Calais, Ardres & Han, pour ce qui eſt de la Generalité de Soiſſons, pour faire la viſite en tous les Bureaux, & receuoir tous leſdits droicts des Receueurs particuliers en fin de chacun quartier. Vn Receueurs particulier au Bureau de Rheims: Vn Controlleur particu-lier audit Bureau, Vn Receueur particulier à Eſpernay. Vn autre Receueur particulier à Chaalons. Vn autre Receueur particulier à Sainƈe Menehoud. Vn autre Receueur particulier à Langres. Vn autre Receueur particulier à Guife. Vn autre Receueur particulier à Laon. Et vn autre Receueur particulier à Compiegne. Pour eſtre leſdits Officiers eſtablis eſdits Bureaux, & faire la Recepte & Controolle de noſdits droiƈts, & les queſtes & viſites és Caues & Sceliers: Et receuoir les Declarations des Marchañs, au lieu des Commis qui en faiſoient cy-deuant la fonƈtion, & en iou̇yr aux gages; Sçauoir, ledit Receueur general en Picardie de Deux mille liures. Ledit Controolleur general de quinze cés liures. Le Receueur particulier à la porte de Beauuais en la Ville d'Amiens, Quatre cens liures. Le Receueur particulier de la porte de Noyon de ladite ville, Deux cens liures. Le Receueur particulier à la porte d'Autry, Deux cens liures. Le Receueur particulier à la porte S. Pierre, Cent liures. Le Receueur particulier à la porte du Quay, Six cens liures. Le Receueur particulier à la porte du D'on de ladite ville d'Amiés, Trois cens liures. Le Clerc Iuré pour receuoir les declarations des Marchans en ladite ville, Trois cens liures. Et les deux Commiſſaires viſiteurs pour faire les queſtes & viſites en ladite ville, Cinq cens liures chacun. Le Receueur particulier à Pecquigny, Trois cens liures. Le Receueur particulier à Pontdormy, Cinq cens liures. Le Receueur particulier d'Abbeuille, Mil liures. Le Controlleur particulier auditlieu, Six cens liures. Le Clerc Iuré à receuoir les declarations des Marchans, Quatre cens liures, Et le Commiſſaire viſiteur pour faire les queſtes & viſites en ladite ville d'Abbeuille, Cinq cens liures. Le Receueur particulier à Montreuil, Trois cens liures. Le Cõmiſſaire viſiteur pour faire les viſites aux caues dudit lieu, Trois cés liures. Le Receueur particulier & Commiſſaire viſiteur à Eſtappes, Trois cens liures. Vn Receueur particulier à Boulongne, Six cens liures. Le Cõtroolleur particulier audit lieu, Quatre cens liures, & le Commiſſaire viſiteur en ladite ville, Quatre cens liures. Le Receueur particulier à S. Vallery, Huiẽt cens liures, & le Controlleur particulier, Commiſſaire viſiteur audit lieu, Six cens liures. Le Garde viſiteur à Crotoy, Deux cens liures. Le Receueur particulier de Rue, Cent cinquante liures. Le Receueur particulier à Doullens, Trois cens liures. Et le Commiſſaire viſiteur audit lieu, Deux cens liures. Le Receueur

particu-

particulier à Corbie, Deux cens liures, & le Commiſſaire viſiteur audit lieu, Cent cinquante liures. Le Receueur particulier à Peronne, Cinq cens liures. Le Commiſſaire viſiteur audit lieu, Quatre cés liures, & le Côtroolleur particulier en ladite ville, Quatre cens liures. Le Receueur particulier à Sainct Quentin, Mil liures. Le Controolleur particulier audit lieu, Six cens liures. Et le Cômiſſaire viſiteur des Caues dudit lieu, Cinq cens liures. Le Receueur particulier à Bray, Trois cens liures. Le Receueur particulier à Montdidier, Six cens liures. Le Controolleur particulier, & le Commiſſaire viſiteur audit lieu, Quatre cens cinquante liures chacun. Le Receueur particulier de Roye, Six cens liures. Le Controolleur particulier, Commiſſaire viſiteur audict lieu, Quatre cens liures. Le Receueur General de la Ferme des ſoixante ſols ſur chacun muid de vin ſortant des Generalitez de Champagne & Soiſſons, Quinze cens liures. Le Receueur particulier au Bureau de Rheims, Huict cés liures. Le Controolleur particulier audit Bureau, Quatre cens liures. Le Receueur particulier à Eſpernay, Cinq cens liures. Le Receueur particulier à Chaalons, Deux cés liures. Le Receueur particulier à Saincte

Menehoud, Trois cens liures. Le Receueur particulier à Langres, Deux cens liures. Le Receueur particulier à Guise, Cinq cens liures. Le Receueur particulier à Laon, Cent cinquante liures. Et le Receueur particulier à Compiegne, Cinq cens liures. Tous les susdits gages montans ensemble à la somme de Vingt six mille cinquante liures; Lesquels nous auons attribuez & attribuons ausdits Officiers, à les prendre & perceuoir des Fermiers desdites Fermes, sans diminution du prix d'icelles, par les mains des susdits Receueurs de quartier en quartier, ainsi que faisoient lesdits Commis, & en la mesme forme que lesdits Receueurs par nous creez ausdits ports, portes & aduenuës de nostredite ville de Paris; Et outre aux exéptions, de logemés de gés de Guerre, Guet, Gardes & Couruées de Villes, leur permettant de mettre au dessus de la porte de leurs Bureaux & Maisons vn placart de nos armes, pour estre par nous pourueu ausdits Offices, de personnes capables & de probité requise qui en iouyront, ensemble leurs successeurs ausdits Offices & hereditairement, sans que par leurs deceds lesdits Offices puissent estre declarez vaccans ny impetrables, ains conseruez à leurs vefues, enfans & heritiers, &

y eftre par nous pourueu fur leur nominatiõ:
Et fans auffi qu'au moyen de ladite heredité
lefdits Offices foient fujects a aucune reuen-
te, n'y cenfez & reputez domaniaux ; A la
charge auffi que pour la feureté desFermiers
de nofdits droicts lefdits Offices demeure-
ront par hypotecque fpecial & priuileges
particulierement affectez à leur maniemét,
& que lefdits Receueurs feront tenus de
porter ou enuoyer és mains de nofdits Fermiers les deniers qu'ils auront receus, Et lefdits Controolleurs & vifiteurs autát de leurs
Feuilles, Regiftres & Controolles toutes-
fois & quantes qu'ils le defireront, en les
payant neantmoins de leurs ports & voictu-
res raifonnables, à quoy faire lefdits Officiers feront contraincts par les voyes accou-
ftumées en nos propres deniers & affaires. Sɪ
ᴅᴏɴɴᴏɴꜱ ᴇɴ ᴍᴀɴᴅᴇᴍᴇɴᴛ à nos
amez & feaux Confeillers les gens tenans
noftre Cour des Aydes à Paris ; Qu'ils fa-
cent lire publier & regiftrer noftre prefent
Edict, & le contenu en iceluy garder & ob-
feruer de poinct en poinct felon fa forme &
teneur, faifant iouyr les pourueus defdits
Offices des gages à eux attribuez plainemét,
paifiblement & hereditairement, contrai-
gnant à ce faire & fouffrir tous ceux qu'il

appartiendra par les voyes en tel cas requi-
ses & accoustumées. MANDONS pareil-
lement aux Esleus sur le faict de nos Aydes
& Tailles des Eslections desdites Generalitez de Picardie, Champagne & Soissons de
le garder & obseruer, & iceluy executer,
sans permettre qu'il y soit contreuenu ; Nõ-
obstant quelsconques Edicts, Ordonnan-
ces, Reglemens, oppositions où appellatiõs
ny autres choses à ce contraires : Ausquel-
les nous auons derogé & derogeons par ces
presentes, & desquelles si aucunes inter-
uiennent nous nous reseruons la cognois-
sance, & à nostre Conseil, & icelle interdi-
sons à toutes nos autres Cours & Iuges : Et
pource que l'on pourra auoir affaire des presentes en plusieurs & diuers lieux : Nous
voulons qu'aux coppies collationnées par
l'vn de nos amez & feaux Conseillers, No-
taires & Secretaires, foy soit adioustée com-
me au present Original. CAR tel est nostre
plaisir : Et afin que ce soit chose ferme & sta-
ble à tousiours nous y auons faict mettre nostre seel, sauf en autre chose nostre droict &
l'autruy en toutes. Donné à Sainct Germain en Laye, au mois de Decembre, l'an
de grace mil six cens trente deux. Et de nostre regne le vingt-troisiesme. Signé, LOVIS.

Et plus bas, Par le Roy, D E L O M E N I E. Et
à cofté, V I S A. Et fcellé du grand feau de cire verte, en lacs de foye rouge & verte. Et
à cofté eft efcrit :

*Regiftré en la Cour des Aydes , Ouy le Procu-
reur General du Roy , pour eftre executé felon fa
forme & teneur fuiuant l'Arreft du iourd'huy, à
Paris le vingt-troifiefme iour d'Auril , mil fix
cens trente-trois.*

Signé,   B O V C H E R.

EXTRAICT DES REGISTRES
de la Cour des Aydes.

E V par la Cour les Lettres patentes en
forme d'Edict donnees à Sainct Germain
en Laye, au mois de Decembre mil fix
cens trente deux, Signé Lovis : Et plus
bas, Par le Roy, Delomenie : & feellées du grand
feau de cire verte, foubs lacs de foye rouge & verte,
par lefquelles & pour les caufes y contenuës; Sa Ma-
jefté auroit creé & erigé en tiltre d'Office formé &
hereditaire vn Receueur general des Fermes , des
neuf liures dix-huict fols fur chacun tonneau de vin
entrant és villes & bourgs de la generalité de Picardie, fol pour pot vendu & debité en deftail en ladi-

cte generalité, & des foixante fols fur chacun muid
de vin fortant de ladite generalité de Picardie, pour
faire la Recepte generale defdits droicts, vn Controolleur general defdites Fermes, vn Receueur particulier, à la porte de Beauuais de noftre ville d'A-
miens, vn autre Receueur particulier à la porte de
Noyon, vn autre Receueur particulier à la porte
d'Autoy, vn autre Receueur particulier à la porte
Sainct Pierre, vn autre Receueur particulier à la
porte du Quay, vn autre Receueur particulier à la
porte du Don de ladite ville d'Amiens. Vn Clerc iuré pour receuoir les Declarations des marchands, &
deux Commiffaires vifiteurs pour faire le queftes &
vifites en ladite ville, vn Receueur particulier à Pecquigny, vn autre Receueur particulier à Pont-dor-
my, vn autre Receueur en la Ville d'Abbeuille, vn
Controolleur particulier, vn Clerc iuré à receuoir
les Declarations des marchands, & vn Commiffaire vifiteur pour faire les queftes & vifites en ladite
Ville d'Abbeuille, vn Receueur particulier à Montreuil, vn Commiffaire vifiteur pour faire les vifites
aux caues audit lieu, vn Receueur particulier &
Commiffaire vifiteur à Eftappes, vn Receueur particulier à Boulongne, vn Controolleur particulier
& vn Commiffaire vifiteur audit lieu, vn Receueur
particulier à Sainct Valery, & vn Controolleur
particulier, Commiffaire vifiteur audit lieu, vn Garde vifiteur à Crotoy, vn Receueur particulier à Ruë,
vn Receueur particulier à Doullens, & vn Commiffaire vifiteur audit lieu, vn Receueur particulier
à Corbie, & vn Commiffaire vifiteur audit lieu, vn
Receueur particulier à Peronne, vn Commiffaire
vifiteur audit lieu, & vn Controolleur particulier

en ladite ville , vn Receueur particulier, vn Controolleur particulier & vn Commiſſaire viſiteur à
Sainct Quentin, vn Receueur particulier à Bray, vn
Receueur particulier, vn Controolleur particulier
& vn Commiſſaire viſiteur à Montdidier, vn Receueur particulier & vn Controolleur particulier Cõmiſſaire viſiteur à Roye, vn Receueur general de la
Ferme des ſoixante ſols ſur chacun muid de vin ſortant des generalitez de Champagne & Soiſſons, fors
& excepté Calais, Ardres & Han pour ce qui eſt de
la generalité de Soiſſons, pour faire la viſite en tous
les bureaux , & receuoir tous leſdits droicts des Receueurs particuliers en fin de chacun quartier , vn
Receueur particulier au bureau de Rheims, vn Cõtroolleur particulier audit bureau , vn Receueur
particulier à Eſpernay, vn autre Receueur particulier à Chaalons, vn autre Receueur particulier à
Saincte Menehoud , vn autre Receueur particulier
à Langres , vn autre Receueur particulier à Guiſe,
vn autre Receueur particulier à Laon, vn autre Receueur particulier à Compiegne , pour eſtre leſdits
Officiers eſtablis eſdits bureaux & faire la Recepte
& Controolle des droicts de ſa Majeſté , & les queſtes & viſites és Caues & Scelliers , & receuoir les
Declarations des marchans au lieu des Commis qui
en faiſoient cy-deuant la fonction , & en iouyr aux
gages à eux attribuez par ledit Edict , montans en-
ſemble à la ſomme de Vingt ſix mil cinquãte liures,
à les prende & perceuoir des Fermiers deſdites Fermes ſans diminution du prix d'icelles , par les mains
deſdits Receueurs de quartier en quartier, ainſi que
faiſoient leſdits Commis, & en la meſme forme que
les Receueurs creez aux portes & ports de la ville de

Paris : Et outre aux exemptions de logemens de gés
de guerre , guet, gardes & coruées de villes, auec
permiſſion de mettre au deſſus de la porte de leurs
bureaux & maiſons , vn placart des armes de ſadite
Majeſté, le tout ainſi que plus au long le contien-
nent leſdites Lettres ; Concluſions du Procureur
General, & tout conſideré. LA COVR a ordon-
né & ordonne que ledit Edict ſera leu, publié & re-
giſtré au Greffe d'icelle , pour eſtre executé ſelon ſa
forme & teneur. Faict à Paris en la Cour des Aydes
le vingt troiſieſme iour d'Auril mil ſix cens trente-
trois.

Signé,   BOVCHER.

*Collationné aux Originaux par moy Conſeiller
Secretaire du Roy & de ſes Finances*